AF453091

APHORISMES

TOUCHANT

LA GROSSESSE,

L'ACCOUCHEMENT,

LES MALADIES,

ET AUTRES DISPOSITIONS

des Femmes.

Par FRANÇOIS MAURICEAU, *Maiſtre és Arts, ancien Prevoſt & Garde des Maiſtres Chirurgiens Jurez de la ville de Paris.*

A PARIS,

Chez LAURENT D'HOURY, ruë Saint Jacques, devant la Fontaine S Severin, au Saint Eſprit.

1694.

Avec Privilege du Roy.

AVERTISSEMENT.

EN relisant avec atten-
tion les ouvrages que
j'ay donnez au public, qui
sont mon Livre des Mala-
dies des Femmes grosses
& accouchées, & celuy de
mes Observations, j'ay jugé
à propos d'en extraire moy-
mesme les plus considerables
preceptes, dont j'ay composé
ces Aphorismes, pour former
plus facilement par cét abre-
gé, une vraye idée de l'Art

des accouchemens à tous ceux
qui voudront le pratiquer, &
qui auront deſſein de s'em-
ployer particulierement à la
gueriſon des maladies des
femmes.

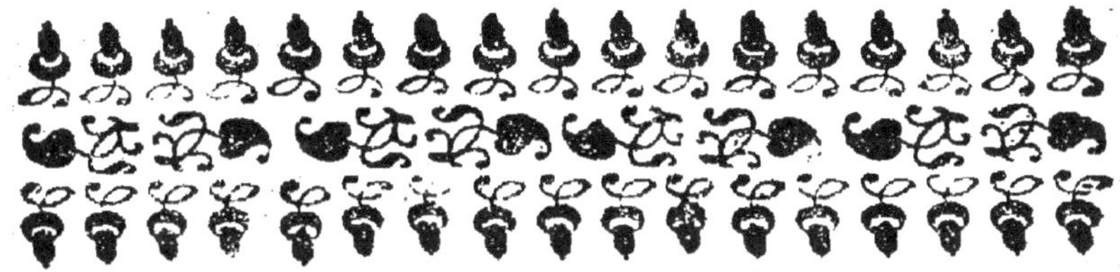

APHORISMES

TOUCHANT
LA GROSSESSE,
L'ACCOUCHEMENT,
LES MALADIES,
ET AUTRES DISPOSITIONS
des Femmes.

Maladies des Femmes.

1. L'INTELLIGENCE de ces Aphorismes rendant l'Art des accouchemens moins long, l'experience moins perilleuse, le jugement moins difficile, fera que la curation

A iij

des maladies des femmes en
fera d'autant plus facile.

2. Pour bien connoiſtre les
maladies des femmes, & y
bien remedier, il faut avoir
une parfaite connoiſſance de
la Matrice & de toutes les
parties qui en dépendent.

3. Le dereglement des fon-
ctions de la Matrice eſt cauſe
de la plus grande partie des
maladies des femmes.

4. La condition des femmes
eſt tres-malheureuſe ; puis
qu'elles ſont ſujettes non-ſeu-
lement à toutes les indiſpoſi-
tions des hommes, mais encore à une infinité d'autres dont
les hommes ſont éxempts.

5. La curation des maladies

des femmes differe beaucoup de la curation de celles des hommes.

6. Comme la curation des maladies des femmes differe grandement de la curation de celles des hommes, le traitement des infirmitez des femmes grosses ne differe pas moins de celuy qui peut convenir aux maladies des femmes qui ne sont pas grosses.

7. Les maladies des femmes sont bien plus dangereuses dans le temps de la grossesse ; parce qu'on ne peut pas pour lors leur faire tous les remedes qui leur pourroient convenir en d'autre temps.

8. Si la femme grosse a une

maladie qui demande quel-
que opération de chirurgie de
haut appareil , comme celle
qui convient à la pierre en la
veſſie, à la fiſtule à l'*anus* , ou
autre , il faut autant qu'on le
peut, differer cette opération
juſques aprés ſon accouchement.

9. Les femmes ſouffrent ordinairement tant d'incommoditez durant tout le temps de
la groſſeſſe , qu'on l'appelle
vulgairement avec raiſon, une
maladie de neuf mois.

10. Les femmes ſont le plus
ſouvent malades quand elles
ſont groſſes, à cauſe de la ſuppreſſion de leurs menſtruës ;
mais au contraire la pluſpart

des autres animaux qui n'ont point de menſtruës paroiſſent preſque toûjours en bonne ſanté durant qu'ils portent leurs petits au ventre.

11. Dans toutes les maladies des femmes groſſes on doit empeſcher autant qu'il eſt poſſible, qu'elles n'accouchent durant que la nature eſt trop occupée par la grandeur de la maladie, pour pouvoir bien regir l'évacuation des vidanges qui doit ſuivre l'accouchement.

12. Les femmes qui avortent ou accouchent dans le temps qu'elles ont une fiévre continuë ſont en tres-grand danger de la vie, & principalement

celles dont la fiévre est accompagnée de fluxion sur la poitrine.

13. Le *Quinquina* se peut
donner aussi seûrement aux
femmes grosses, pour la gue-
rison de la fievre, qu'à d'autres personnes.

14. Les femmes sont ordi-
nairement soulagées par l'accouchement, des incommo-
ditez & des maladies que la
grossesse leur avoit causées;
mais leurs autres indisposi-
tions qui n'ont aucun rapport
à la grossesse, ont coûtume
d'augmenter aprés l'accouchement, quand il arrive dans un
estat maladif.

15. L'on voit quelquefois

des femmes tres-valetudinai-
res & infirmes faire des enfans aſſez ſains; parce que l'enfant a en ſoy un principe de vie
particulier, qui purifie ſouvent
la mauvaiſe nourriture qu'il
reçoit de la mere, comme
nous voyons que la greffe re-
ctifie & adoucit l'auſterité de
la ſéve de l'arbre ſauvage ſur
lequel elle eſt entée.

Diſpoſitions differentes de la Matrice.

16. Comme la Matrice doit
ſervir d'égout à toute l'habitude du corps de la femme,
il ne faut jamais uſer d'inje-
ctions aſtringentes en cette
partie, ſi une exceſſive perte
de ſang n'y oblige.

17. Les femmes qui n'ont pas encore eû d'enfans, ont toûjours l'orifice interne de la Matrice affez petit, & d'une rondeur égale; mais celles qui en ont eû, l'ont ordinairement plus gros & plus inegal que les autres.

18. L'orifice interne de la Matrice eft toûjours d'une fub-ftance beaucoup plus molle dans le temps de la groffeffe qu'en tout autre.

19. L'ouverture de l'orifice interne de la Matrice d'une femme groffe n'eft pas toû-jours un figne affuré qu'elle foit en travail; car on en voit quelquefois à qui cét orifi-ce eft ouvert à y introdui-

re le doigt, un mois devant que
d'accoucher.

20. La Matrice de la femme
n'a qu'une seule cavité, à la
difference de celle de beaucoup d'autres animaux qui ont
plusieurs cellules en cette partie.

21. La génération de l'enfant
peut bien se faire vers un des
coins de la Matrice, où abou-
tit le vaisseau déferent éjacula-
toire appellé *Tuba*; mais il est
impossible qu'elle se fasse dans
ce vaisseau mesme.

22. Il y a des femmes qui
rendent quelquefois des vents
de la Matrice avec aussi grand
bruit que si c'estoit de l'*anus*;
ce qui toutefois ne leur cause

aucune autre incommodité,
que l'indecence de ce bruit
extraordinaire.

23. Tous les vaiſſeaux de la
Matrice ſont beaucoup plus
gros qu'à l'ordinaire, lors
que les femmes ont leurs menſtruës, ou qu'elles ſont ſur le
point de les avoir ; & ils deviennent encore d'autant plus
gros en toutes les femmes
groſſes, que le terme de leur
groſſeſſe eſt avancé.

24. Plus la ſubſtance du
corps de la Matrice ſe dilate
dans le temps de la groſſeſſe,
plus elle devient mince & de-
liée, ſon épaiſſeur eſtant con-
ſumée en ce temps par ſa grande extenſion.

25. La Matrice eſt ſi mince, dans les derniers mois de la groſſeſſe, qu'elle ſe creve quelquefois, ne pouvant ſouffrir la grande extenſion que la groſſeur de l'enfant luy fait en ce temps.

Des Menſtruës.

26. Les femmes ne ſont ordinairement en bonne ſanté, que lors qu'elles ſont bien reglées comme il faut & quand il faut dans l'évacuation de leurs menſtruës : ainſi l'on peut dire que la Matrice eſt l'horloge de leur ſanté.

27. Quelque maladie qu'une jeune femme ait, lors que cette maladie eſt cauſée ou accompagnée d'une ſuppreſſion

de menſtruës, il faut la ſaigner du bras ou du pied, ſelon
que les accidens le requierent,
au moins une fois le mois,
pour ſuppléer au defaut de
cette évacuation naturelle.

28. Dans toutes les maladies
des femmes qui ont ſuppreſſion de leurs menſtruës, la ſai-
gnée leur eſt ſi utile, qu'elle
convient meſme aux femmes
hydropiques.

29. Les jeunes femmes ne deviennent preſque jamais groſſes devant que d'avoir eû au
moins une fois leurs men-
ſtruës, & il eſt tres-rare que celles qui ſont accouchées le re-
deviennent devant qu'elles
ayent eû derechef cette évacuation

cuation menſtruelle enſuite de leur couche.

30. Les excrétions ſanglantes de la Matrice ne doivent pas eſtre qualifiées du nom de menſtruës aprés l'âge de cinquante-huit ou ſoixante ans ; car ces ſortes d'excrétions ſont pour lors ſymptomatiques, & tres-ſouvent ſignes avantcoureurs d'ulcere carcinomateux & de la mort qui les ſuit.

31. Les femmes qui ont leur évacuation menſtruelle moins de trois jours, ou plus de ſix, ne ſe portent pas ordinairement ſi bien que les autres.

32. On voit mourir beaucoup plus de femmes depuis l'âge de quarante-cinq ans juſ-

ques à cinquante ans, ou environ, qu'en aucun autre âge de
leur vie ; à cause que la nature
commence pour lors d'estre
privée de l'évacuation men-
struëlle qui leur estoit salutaire.

33. Le sang menstruël des femmes bien saines ne diffère prefque pas en couleur, en confi-
stance, & en autre qualité , de
celuy qui reste dans les vaif-
seaux.

34. La simple suppression des
menstruës cause quelquefois
aux filles vierges des dégousts,
des naufées & des vomisse-
mens, comme il en arrive ordinairement aux femmes grosses.

35. On peut bien voir quel-

ques femmes avoir dans la sup-
preſſion de leurs menſtruës
quelques ſimples ſeroſitez qui
ſortent de leurs mammelles ;
mais non pas du veritable lait,
ſi elles ne ſont point groſſes,
& qu'elles n'ayent jamais eû
d'enfans.

36. Le temps qui precede l'é-
vacuation des menſtruës, ni
celuy auquel elles fluënt n'eſt
point propre à purger les femmes; c'eſt pourquoy il faut toûjours attendre autant qu'on le
peut, que cette évacuation ſoit
finie, pour purger celles qui en
ont beſoin

37. Le flux menſtruël que
l'on voit quelquefois paroiſtre
en certaines femmes dans les

premiers mois de leur grossesse, vient dans le temps ordinaire, sans aucun accident ;
mais les pertes de sang viennent dans un temps extraordinaire, & sont toûjours accompagnées de quelques accidens,
qui sont d'autant plus à crain-
dre, que ces pertes de sang sont
grandes.

38. Les femmes qui avant
que de devenir grosses estoient
valétudinaires, à cause de la
petite évacuation de leurs
menstruës, se portent mieux
ordinairement aprés estre accouchées ; parce que les vaisseaux qui servent à cette évacuation menstruelle en sont
rendus plus libres.

39. On voit beaucoup de femmes incommodées de rhumatifmes , quand elles ont quelque dereglement ou fuppreffion de leurs menftruës ; mais il eft tres-rare d'en voir qui ayent la goutte.

40. La premiere évacuation des menftruës qui arrive aux femmes accouchées quelques mois aprés leur accouchement, eft prefque toûjours beaucoup plus abondante qu'à l'ordinaire : elle eft néanmoins fans aucun danger.

41. Les filles de treize ou quatorze ans qui font valétudinaires, & qui n'ont pas encore eû aucune évacuation menftruëlle, ne commencent à

fe bien porter, qu'aprés que
cette évacuation leur eft arri-
vée avec l'âge.

42. Lors que les femmes font
dans le temps de l'évacuation
de leurs menftruës, & dans
tout celuy des vidanges de
leurs couches, elles doivent
s'abftenir d'aller en toutes voi-
tures fecouantes, pour éviter
que cette évacuation ne foit
exceffive, & que la Matrice
qui eft en fluxion n'en foit
bleffée.

*Pertes de fang dans le temps de
la groffeffe.*

43. Les femmes à qui on voit
paroiftre quelque évacuation
de fang par la Matrice durant
les premiers mois de leur grof-

seſſe, doivent ſe faire ſaigner
du bras, ſe tenir de repos, &
s'abſtenir entierement du coït,
ſi elles veulent conſerver leur
groſſeſſe.

44. Les grandes & exceſſives
pertes de ſang qui arrivent
quelquefois à la femme groſſe,
viennent preſque toûjours du
détachement entier ou en partie de l'arrierefaix d'avec la
Matrice; & ces ſortes de pertes
de ſang ne ceſſent jamais entierement que la femme ne ſoit
accouchée.

45. Le cordon de l'umbilic
qui eſt naturellement trop
court, ou qui par accident eſt
embarraſſé autour de quelque
partie de l'enfant au ventre

de la mere, est souvent cause
que l'enfant ne pouvant se re-
muër librement sans tirailler
ce cordon, dont il est bridé,
fait détacher prematurément
l'arrierefaix d'avec la Matrice,
& cause en mesme temps une
grande perte sang.

46. Les pertes de sang qui
arrivent aux femmes grosses
sont toûjours d'autant plus
dangereuses que le terme de la
grossesse est plus avancé.

47. Les pertes de sang qui
sont accompagnées de fre-
quentes syncopes sont tres-
souvent mortelles aux femmes
grosses & à leur enfant.

48. Les pertes de sang qui
arrivent aux femmes dans les

deux

deux ou trois premiers mois
de leur groffeffe, ne font prefque jamais mortelles quelque
abondantes qu'elles foient;
mais celles qui leur arrivent
dans les deux derniers mois,
leur font tres-fouvent funeftes
& à leur enfant.

49. Entre les femmes groffes qui ont une exceffive perte
de fang qui oblige d'accelerer leur accouchement, celles
dont l'orifice interne de la
Matrice eft fort épais & dur,
font beaucoup plus en danger
de mourir que celles qui ont
ce mefme orifice mince &
mollet.

50. Les grandes pertes de
fang qui font accompagnées

de convulfion font prefque toûjours mortelles aux femmes groffes.

51. La faignée du bras eft utile aux femmes groffes, pour les preferver de pertes de fang, quand elles y font fujettes; elle convient auffi à celles qui en ont de petites ou médiocres; mais on ne la doit point pratiquer pour les pertes exceffives.

52. L'arrierefaix qui fe prefente devant l'enfant au paffage, caufe toûjours une exceffive perte de fang à la mere, & tres-fouvent la mort, auffi-bien qu'à fon enfant, fi on n'y remedie au plûtoft par l'accouchement.

53. De quelque temps qu'u-
ne femme soit grosse, quand
elle a une perte de sang si excessive qu'elle en tombe en de
frequentes syncopes, l'accouchement est le plus salutaire
remede qu'on luy puisse donner & à son enfant, s'il est encore vivant.

54. Dans les pertes de sang
des femmes qui sont en travail, il faut toûjours rompre
les membranes des eaux de
l'enfant le plûtost qu'on le
peut faire, afin de luy donner
lieu de s'avancer au passage,
sans pousser ces membranes,
qui estant agitées par l'impulsion des douleurs, augmente-
roient encore la perte de sang,

en augmentant le détache-
ment de l'arrierefaix où elles
tiennent, qui l'avoit causée.

55. Quoyque l'accouchement
soit le plus salutaire remede
qu'on puisse donner aux femmes grosses qui ont une excessive perte de sang, il leur
est souvent inutile, si l'on differe trop long-temps à leur
donner ce secours.

56. Quand il arrive une perte de sang à une femme grosse,
si le sang vient du fond de la
Matrice, il est toûjours suivi
de l'avortement : mais lors-
qu'il ne s'écoule que du col de
la Matrice, l'on peut encore
esperer la conservation de la
grossesse : l'une & l'autre dif-

poſition ſe connoiſſent par l'ouverture ou par la cloſture de la Matrice.

57. Les frequentes foibleſ-ſes, le tintement des oreilles, la veûë éblouïe & égarée ſont tous ſignes preſque certains de mort, quand ils procedent d'une grande perte de ſang en une femme groſſe de ſix mois & audeſſus, & principalement ſi cette perte de ſang a eſté cauſée par quelque bleſſure.

Pertes de ſang aprés l'accouche-ment.

58. Les femmes qui accou-chent de gros enfans, ſont fort ſujettes à de grandes pertes de ſang auſſitoſt qu'elles ſont accouchées; parce que les gros

enfans ont ordinairement de
gros arrierefaix, dont les vaif-
feaux font fort amples, auf-
quels ceux de la Matrice font
toûjours proportionnez.

59. Les femmes qui font fujettes à de grandes pertes de
fang aprés leur accouchement,
doivent eftre faignées du bras
deux ou trois fois durant le
cours de leur groffeffe, & mefme encore une fois dés qu'elles commencent d'eftre en travail.

60. Les femmes qui ont eû
une tres-grande perte de fang
dans leur accouchement, font
enfuite fujettes à eftre incommodées durant plufieurs jours
d'un tres-grand mal de tefte

avec fiévre, qui procede d'une espece de fermentation qui se fait au sang nouvellement engendré, semblable à celle qui se fait au vin nouveau; & elles restent long - temps avec les pâles couleurs & les jambes enflées.

61. Les femmes qui ont eû une perte de sang excessive dans leur accouchement doivent s'abstenir du coït durant trois mois, & se tenir de repos au lit, lors que la premiere évacuation de leurs menstruës se fera.

Sterilité des femmes.

62. Les femmes qui ont la Matrice intemperée, soit en excés de chaleur & secheresse,

soit en froideur & humidité, sont ordinairement steriles.

63. Les femmes steriles sont pour l'ordinaire bien plus valetudinaires que les autres.

64. La sterilité vient le plus souvent du defaut personnel qui se rencontre dans les femmes ; car on voit ordinairement plus de trente femmes steriles pour un homme impuissant.

65. Les femmes steriles ont ordinairement l'orifice interne de leur Matrice plus petit & plus gresle que les autres.

66. Il y a certaines femmes qui ne sont steriles que pour un temps seulement, & qui changeant de temperament

avec l'âge, deviennent enfin fécondes.

67. La génération d'un faux germe en une femme qui avoit esté auparavant sterile, est pour l'ordinaire un signe avancoureur de fecondité pour l'avenir.

68. Le bain d'eau tiede & l'usage des eaux minerales ensuite, sont tres-convenables aux femmes steriles, pour débarasser & lever les obstructions de la Matrice qui peuvent causer leur sterilité.

69. Outre que les filles qui naissent imperforées de la Matrice, sont steriles tant que cette mauvaise disposition subsiste, elles mourroient in-

dubitablement dans la suite, si on ne leur faisoit une ouverture à la vulve, capable de servir à l'évacuation de leurs menstruës dans le temps.

70. Les femmes qui cessent durant deux ou trois ans d'estre fecondes, comme elles estoient auparavant, & acquerent un embonpoint extraordinaire, deviennent assez souvent aprés cela entierement steriles.

71. Certaines femmes qui par la contrarieté de leur temperament avoient paru estre steriles avec des hommes qui n'estoient pas impuissans, deviennent fécondes avec d'autres hommes, dont le tempe-

rament a plus de conformité
avec le leur.

72. Les femmes qui ont l'é-
vacuation menſtruelle en tres-
petite quantité , conçoivent
difficilement ; mais celles qui
ſont entierement privées de
cette évacuation , ſont tout-à-
fait ſteriles.

73. La naiſſance du premier
enfant d'une femme qui avoit
eſté ſterile durant un long-
temps , luy donne ſouvent
dans la ſuite plus de diſpoſi-
tion à faire, d'autres enfans
qu'elle n'avoit auparavant , à
cauſe que les vaiſſeaux qui
ſervent à l'évacuation des
mois eſtant devenus plus amples dans la groſſeſſe , reſtent

plus libres aprés l'accouchement.

Conception de l'enfant.

74. Les femmes conçoivent plus facilement dans les cinq ou six premiers jours qui suivent l'évacuation de leurs menstruës, qu'en tout autre temps.

75. La conception se fait toûjours dans le mesme moment de la reception & retention des semences prolifiques dans la Matrice bien disposée.

76. La conception se fait quelquefois sans aucune introduction du membre viril, par la seule éjaculation de la semence au droit de l'ouverture de la Matrice, comme l'ont

aſſez prouvé les éxemples de pluſieurs femmes, qui n'eſtant perforées que d'un ſimple petit trou n'ont pas laiſſé de concevoir.

77. Si la forte imagination d'une femme groſſe peut imprimer quelque tache ſur le corps de l'enfant, comme on le croit, ce n'eſt que durant les premiers jours de la conception; car lors que l'enfant eſt tout-à fait formé, & un peu fortifié, l'imagination ne luy peut plus changer ſa premiere figure.

78. Tout le corps du *fœtus* eſt formé dés le premier jour de ſa conception, & n'eſt pas pour lors plus gros qu'un pe-

tit grain millet, tout le reste
du temps de la grossesse ne ser-
vant seulement qu'à luy donner l'accroissement necessaire,
& à le fortifier.

Proportions differentes de
l'enfant.

79. Un enfant qui naist à
neuf mois complets, & qui
est d'une bonne proportion,
pese ordinairement environ
onze ou douze livres de seize
onces chaque livre ; celuy de
huit mois n'en pese que sept
ou huit ; celuy de sept mois
que quatre ou environ ; & le
fœtus de trois mois ne pese au
plus que trois onces, celuy
d'un mois environ une demy
drachme, & celuy de dix jours

un demy grain ; de forte qu'on peut facilement connoiftre par cette demonftration, que le fœtus dans le premier jour de fa conception, n'eft pas plus gros qu'un petit grain de millet.

Des femences de l'homme & de la femme.

80. Il y a dans la femence des hommes & dans celle des femmes un principe materiel également capable d'engen-drer des enfans de l'un & de l'autre fexe.

81. La moindre goutte de la femence contient en elle l'idée & la forme de toutes les par-ties du corps.

82. Le fexe de l'enfant eft

determiné dés le premier jour
de sa conception, suivant la
diversité des qualitez mate-
rielles des deux semences.

Differens temps de la
grossesse.

83. Quelques femmes gros-
ses sentent leur enfant se mou-
voir dés le premier mois ac-
compli ; beaucoup d'autres ne
le sentent pas devant six semaines ou deux mois ; mais la
pluspart le sentent à trois mois
ou environ ; quelques-unes
toutefois ne le sentent bien
manifestement qu'à quatre
mois.

84. La diversité du sexe de
l'enfant ne contribuë point à
son plus prompt ou tardif
mouve-

mouvement dans le temps de la groffeffe.

85. Beaucoup de femmes ayant ignoré leur groffeffe dans le commencement, à caufe de quelque évacuation menftruelle dans les deux premiers mois, croyent enfuite accoucher à huit mois, ou à fept mois feulement, quoyqu'elles foient pour lors effectivement groffes de neuf mois entiers.

86. Les femmes portent le plus ordinairement leur enfant dans le ventre neuf mois entiers; quelques-unes le portent mefme encore plufieurs jours pardelà ce terme; mais on n'en voit point qui paf-

D

sent entierement le dixiéme mois.

87. Les enfans qui naissent aprés le terme de neuf mois entierement accomplis sont toûjours plus gros qu'à l'ordinaire.

88. Les enfans qui naissent sont toûjours d'autant plus gros & robustes, & d'autant plus viables par consequent, qu'ils approchent du terme le plus parfait, qui est la fin du neuviéme mois de la grossesse de leur mere.

Enfant né à sept mois.

89. Il est si rare de voir vivre un enfant dans la suite, qui est véritablement né à sept mois, que de mille à peine

s'en rencontre-t-il un seul qui échappe.

Enfant né à huit mois.

90. Plus de la moitié des en-fans nez à huit mois complets vivent dans la suite, si on leur donne une bonne nourrice qui en ait bien du soin.

Cause du sexe de l'enfant.

91. Ce n'est pas la bonne ou la mauvaise santé du pere & de la mere qui détermine le sexe de l'enfant qui en est en-gendré; car on voit tous les jours des hommes & des fem-mes de complexion tres-deli-cate & infirme faire des gar-çons, & d'autres au contraire qui se portent tres-bien, qui ne font que des filles.

92. Comme on voit des femmes grosses porter leurs enfans masles au costé droit, on en voit d'autres aussi qui y portent leurs filles ; de sorte que le costé droit ni le costé gauche de la Matrice ne contribuënt en rien à déterminer le sexe de l'enfant, qui ne dépend que de la disposition particuliere des semences.

93. Si l'influence des differens aspects de la Lune contribuoit à déterminer le sexe de l'enfant lors de sa conception, comme quelques-uns le croyent, on ne verroit pas tous les jours naistre des jumeaux de different sexe qui ont esté conceûs dans le mesme temps.

94. La naissance des jumeaux de different sexe fait bien connoistre qu'on ne peut pas prédire certainement de quel sexe est l'enfant qui est au ventre de la mere.

95. Les femmes qui ont déja eû plusieurs enfans peuvent mieux que tout autre conjecturer de quel sexe est l'enfant dont elles sont grosses, en conferant les dispositions où elles se trouvent avec celles de leurs precedentes grossesses.

Signes qui dénotent qu'une femme est grosse de plusieurs enfans.

96. Les femmes qui sont grosses de plusieurs enfans sont beaucoup plus incom-

modées durant tout tout le
temps de leur grossesse, & accouchent ordinairement au
moins quinze jours ou trois
semaines devant la fin du neuviéme mois, & elles ont presque toûjours les jambes enflées jusques aux cuisses dans
les derniers mois, & ont mesme aussi quelquefois les deux
levres de la vulve toutes tu-
mefiées.

Signes qui distinguent la fauss[e]
grossesse de la vraye.

97. Les femmes qui ont une
fausse grossesse ont ordinairement le ventre également
tendu de tous costez; mais celles qui sont grosses d'enfant

l'ont toûjours plus éminent vers le devant.

98. Dans les soupçons douteux de grossesse avancée de quatre ou cinq mois, ou plus, si l'on trouve que le nombril de la femme soit enfoncé, & l'orifice de sa Matrice petit & dur, on peut estre asseûré qu'elle ne'st pas grosse d'enfant.

99. Les faux soupçons de grossesse arrivent ordinairement aux femmes qui ne sont pas bien reglées dans l'évacuation de leurs menstruës; mais principalement aux femmes de trente-cinq ou quarante ans ou environ.

100. La relation que la fem-

me fait des incommoditez qu'elle reſſent, ſi elle eſt fidel-le, peut beaucoup contribuër à faire connoiſtre ſa groſſeſſe; mais il ne faut pas toûjours s'y fier; car beaucoup de fem-mes ſont ſujettes à ſe tromper elles - meſmes, ou à tromper les autres; & quelques - unes croyent eſtre groſſes, quoy-qu'elles ne le ſoient pas, & d'autres le ſont & ne le croyent pas.

Superfétation.

101. La ſuperfetation ne peut pas ſe faire durant les ſix premiers jours de la conce-ption; car il ſe feroit pour lors une confuſion de la ſeconde ſemence avec la premiere re-ceûë,

ceûë, qui n'eſt pas encore mu-
nie d'une membrane aſſez forte pour l'en pouvoir preſerver.

102. Si la ſuperfetation eſ-
toit poſſible, elle ne le feroit
que depuis le feptiéme jour de
la conception juſques au tren-
tiéme tout au plus.

De la Mole & du faux-germe.

103. Dans la vraye groſſeſſe
l'enfant a de ſoy un mouvement de totalité & de partiali-
té ; mais dans la fauſſe groſſeſſe, la Mole n'a qu'un ſimple
mouvement de decidence, ou
par accident celuy d'un certain
treſſaillement convulſif, qui
arrive quelquefois à la Matrice qui en eſt irritée.

104. La Mole n'eſt propre-

ment qu'un gros faux-germe,
qui estant resté dans la Matrice aprés le temps auquel la nature a coûtume d'expulser ces
sortes de corps étranges, y a
pris un plus grand accroissement.

105. Les femmes n'engendrent jamais de Moles ni de
faux-germes, si elles n'ont usé
du coït.

106. La Mole ne s'engendre
que dans la Matrice de la femme, & ne se rencontre jamais
ou tres-rarement dans celle
des autres animaux, qui n'usent ordinairement du coït
qu'en certain temps, lors que
la nature les a disposez à une
veritable conception.

107. La Mole n'a point d'arrierefaix ni de cordon qui luy soit attaché, comme l'enfant a toûjours ; elle est ordinairement elle-mesme, aussi-bien que le faux germe, une espece d'arrierefaix de *fœtus* avorté dés les premiers jours de la conception.

108. Comme les véritables Moles ne font que de gros faux-germes, tous ces sortes de corps étranges ne restent jamais dans la Matrice aprés le terme de l'accouchement passé.

109. Il est tres-rare que les simples faux-germes demeurent plus de trois mois dans la Matrice sans en estre expulsez.

Regime des femmes groſſes.

110. Si les alimens quoy-que moins bons, dont les femmes groſſes uſent avec appetit, ſont d’un commun uſage à la nourriture, ils ſont prefera-bles aux autres meilleurs dont elles n’uſeroient qu’avec ré-pugnance.

111. La boiſſon trop froide, comme celle qui eſt à la glace, cauſe une ſi grande colique à la femme groſſe, que l’avorte-ment en peut eſtre excité.

112. Les femmes groſſes qui ſont incommodées d’aigreurs d’eſtomac doivent s’abſtenir de toutes ſortes d’acides, & de manger des fruits crus, de la ſalade, du ſucre, & meſme

de boire du vin ; car le vin fait aigrir ces sortes d'alimens dans l'estomac, & y contracte aussi réciproquement la mesme aigreur.

113. La femme qui est sujette à des avortemens doit aussi-tost qu'elle s'apperçoit d'avoir conceû, s'abstenir entierement du coït, si elle veut conserver sa grossesse.

114. La femme doit se tenir plus de repos qu'à l'ordinaire vers le dernier mois de sa grossesse, parce que c'est environ ce temps-là que l'enfant a coûtume de se tourner pour prendre la situation naturelle ; de sorte que si la femme vient à faire pour lors quelque exer-

cice extraordinaire , l'enfant
au lieu de se tourner en droi-
te ligne , se tourne de travers.

115. Comme il est tres-cons-
tant que de dix fausses couches ou avortemens qui arrivent aux femmes, il y en a
neuf qui leur arrivent avant
la fin du troisiéme mois de leur
grossesse , il est plus utile de
les saigner par précaution dans
les deux premiers mois, que
d'attendre comme l'on fait ordinairement qu'elles soient
grosses de quatre mois &
demy.

116. Si l'on veut purger plus
seûrement une femme grosse
qui en a besoin , il faut la

faigner du bras quelques jours
auparavant.

117. Les femmes grosses qui
ont quelque long voyage à
faire, doivent se faire saigner
une fois du bras quelques
jours avant que de se mettre
en chemin, afin de se mieux
preserver d'estre blessées par
l'agitation qu'elles peuvent
recevoir dans leur voyage.

118. Il ne faut pas ouvrir les
varices des jambes aux femmes grosses pour en tirer du
sang ; car cette évacuation feroit pour lors le mesme effet
que la saignée du pied, qui ne
doit point estre pratiquée dans
le temps de la grossesse.

119. Il faut saigner du bras

les femmes grosses qui ont des hémorrhoïdes douloureuses, à quelque terme qu'elles soient de leur grossesse.

120. La violente & frequente toux des femmes grosses peut facilement leur causer de grandes pertes de sang, & l'avortement dans la suite.

121. La grossesse & l'action du coït sont toûjours tres-contraires aux femmes qui sont sujettes à cracher du sang.

122. La saignée du bras, le lait, la boisson tiede, le parler peu, la liberté du ventre & l'abstinence du coït conviennent fort aux femmes grosses qui sont travaillées d'une violente toux, & principale-

ment à celles qui crachent du sang.

123. Il ne faut jamais purger les femmes grosses ni autres qui ont un crachement de sang, ou la toux & la poitrine échauffée, ni celles qui ont la Matrice en fluxion.

Flux de ventre de la femme grosse.

124. Le flux de ventre provoque souvent l'avortement aux femmes grosses, & principalement s'il est dysenterique.

125. Le flux dysenterique qui fait avorter une femme, & qui luy continuë plus de quatre jours aprés son avortement, luy est ordinairement funeste.

Defcente de Matrice.

126. On ne doit point faire promener ni tenir debout les femmes en travail qui eftoient fujettes avant leur groffeffe, à une defcente de Matrice, & il eft plus feur de les accoucher eftant couchées au lit, que fituées dans une chaife.

127. La defcente & la chute de la Matrice peuvent bien arriver en tout temps, à toutes fortes de femmes, & quelquefois mefme aux filles ; mais il n'arrive jamais de renverfement entier de cette partie qu'immediatement aprés l'accouchement.

128. La plus frequente caufe des defcentes & chûtes de Ma-

trice eſt celle qui vient des violens accouchemens.

129. Le renverſement entier
du fond de la Matrice qui ne
peut pas eſtre réduit, s'il ne
fait pas mourir la femme dés
le premier jour que cét accident luy arrive, il luy eſt toûjours funeſte dans la ſuite par
une perte de ſang continuelle.

130. La femme qui a une deſcente de Matrice ne doit point
comprimer ſon ventre avec
aucun bandage, ni porter ni
lever aucun peſant fardeau,
& doit s'aſſujetir à porter un
peſſaire lors que ſa deſcente
eſt inveterée.

131. Si le peſſaire eſt bien
fait, la femme qui le porte

actuellement ne laiſſe pas de pouvoir bien concevoir, la ſemence eſtant receûë dans la Matrice à travers le trou du peſſaire.

Hydropiſie de Matrice.

132. Les eaux qui s'engendrent quelquefois dans la Matrice ne ſont jamais envelopées d'aucune membrane, ſi la femme n'a point uſé du coit.

Hydropiſie du ventre.

133. L'hydropiſie du ventre qui a precedé de long-temps la groſſeſſe d'une femme, s'augmente encore ſouvent aprés qu'elle eſt accouchée.

134. L'hydropiſie du ventre vient ordinairement aux femmes par la privation ou en-

tiere ceſſation, ou à tout le
moins, par une grande dimi-
nution de leurs menſtruës.

De l'avortement.

135. Si avec de grandes douleurs de reins on voit ſortir de
la Matrice dans le temps de la
groſſeſſe quelques excrétions
qui n'avoient pas coutume de
paroiſtre, la femme eſt pour
lors en grand danger d'avorter, & principalement ſi ces
excrétions ſont teintes de
ſang.

136. Il eſt impoſſible qu'une
femme ayant avorté d'un des
enfans qu'elle auroit conceûs,
puiſſe conſerver l'autre juſques à terme.

137. La femme qui avorte eſt

en bien plus grand danger que
la femme qui accouche à terme.

138. L'avortement est toûjours funeste à l'enfant, ou
dans le temps mesme de l'a-
vortement, ou peu de temps
ensuite.

139. Les avortemens sont
presque toûjours accompa-
gnez d'une grande perte de
sang.

140. Les femmes nouvelle-
ment mariées sont sujettes aux
avortemens, à cause de la violente émotion que les trop ar-
dens & frequens coïts leur
causent.

141. Il arrive dix fois plus
d'avortemens dans les deux ou

trois premiers mois de la grof-
fefse, que dans tous les autres.

142. Il y a des femmes qui
comme elles conçoivent facilement, auffi avortent-elles ai-
fément fans aucune caufe ma-
nifefte.

143. La trop grande abon-
dance de fang noyant affez
fouvent en certaines femmes
leur conception recente, les
fait avorter.

144. Les violentes agitations
de l'efprit caufent fouvent des
avortemens aux femmes, comme font celles du corps, &
principalement la fubite peur
& la colere.

145. L'ecoulement d'eaux
teintes de fang de la Matrice

d'une femme grosse qui n'est
pas à terme, est un signe avant-
coureur ordinaire de l'avortement.

146. La femme qui avor-
te est souvent plus difficilement delivrée de l'arrierefaix, que celle qui accouche
à terme.

147. Les femmes qui avor-
tent ayant la petite verole
meurent presque toutes peu de
temps aprés.

148. Dans les avortemens au-
dessous de quatre ou cinq
mois, il ne faut pas beaucoup
se mettre en peine de réduire
en une bonne figure les enfans qui se presentent mal ; car
en quelque posture que ces
avortons

avortons soient, la nature les expulse assez facilement à cause de leur petitesse.

149. Comme dans les avortemens qui se font dans les deux ou trois premiers mois de la grossesse, la Matrice ne s'ouvre qu'à proportion de la petitesse du *fœtus*, il arrive assez souvent, que l'arrierefaix dont le volume est beaucoup plus gros, est retenu au dedans durant quelque temps.

150. La grosseur des *fœtus* avortons morts ne correspond pas toûjours au temps de la grossesse ; car ils n'ont ordinairement, quand ils sont expulsez de la Matrice, que la grosseur qu'ils avoient lors que

leur principe de vie a esté dé-
truit.

151. Les femmes qui sont sujettes à de frequens avortemens, doivent avant que de se
mettre en estat de concevoir,
estre cinq ou six mois sans
coucher avec leur mari, & s'abstenir entierement du coït, &
se tenir en repos dés qu'elles se
connoistront estre grosses.

152. Les arrierefaix scyrrheux
sont souvent cause de l'avortement quand l'enfant devient
un peu grand ; parce que ces
sortes d'arrierefaix ne peuvent
pas fournir une suffisante ni
convenable nourriture à l'enfant.

153. Les enfans avortons qui

font expulfez vivans n'ont pas ordinairement de voix devant la fin du troifiéme mois, leur poulmon n'ayant pas encore la force de pouffer l'air avec affez d'impetuofité pour former aucun cry.

154. L'avortement que les femmes fe procurent volontairement, les met en plus grand peril de la vie, que celuy qui leur arrive de foy-mefme fans l'exciter.

155. Il y a des femmes groffes fi delicates & fi foibles, qu'elles avortent pour le moindre faux pas qu'elles faffent, ou feulement pour lever trop les bras.

156. On voit beaucoup de

femmes avoir des avortemens dans les premiers mois de leur grossesse par le seul effet de leur temperament trop sanguin.

157. Les avortemens sont toûjours d'autant plus dangereux, que la cause qui les procure est violente; soit qu'ils soient causez par mauvais remedes pris interieurement, ou qu'ils viennent de quelque blessure exterieure.

Signe de l'enfant mort en la Matrice.

158. Les mammelles & le ventre de la femme grosse dont l'enfant est mort diminuënt au lieu d'augmenter de jour en jour.

159. Les excrétions fétides & cadavereuses de la Matrice ne sont pas toûjours un signe certain de la mort de l'enfant qui y est contenu ; car ces excrétions peuvent estre telles par la seule corruption de quelque caillot de sang qui y aura sejourné trop long-temps.

160. La teste de l'enfant mort & corrompu estant deve-nuë mollasse, & n'ayant plus de fermeté, ne peut pas si bien faire le passage des épaules dans le temps de l'accouche-ment, que quand l'enfant est vivant.

161. L'enfant mort en la Matrice rend presque toûjours

l'accouchement long & faſ-
cheux.

162. Les femmes qui accouchent d'enfans morts & cor-
rompus, dans le temps qu'elles
ont la fiévre continuë, meurent ordinairement peu de
jours aprés leur accouchement.

163. L'enfant mort en la Matrice acquiert une corruption
plus grande & plus fetide en
deux ou trois jours aprés l'é-
coulement de ſes eaux, qu'il
ne fait en un mois, quand
ſes eaux n'en ſont pas écou-
lées.

164. Quand la teſte d'un enfant reſte long-temps engagée
au paſſage, ſans que la partie

qui s'y presente se tumefie,
c'est ordinairement un signe
qu'il est mort.

Maladie Venerienne de la
femme grosse.

165. Les femmes grosses infectées de la maladie venerienne peuvent bien en estre
traitées durant les cinq ou six
premiers mois de la grossesse ;
mais il vaut mieux differer
d'en traiter les autres, jusques
à ce qu'elles soient accouchées.

166. Les ulceres veneriens
qui ne sont qu'aux lévres ex-
ternes de la vulve peuvent
bien estre gueris par la saliva-
tion ; mais ceux qui sont au
propre corps de la Matrice, ou

à son orifice interne, font toûjours incurables.

167. Les enfans qui naiffent
infectez de la maladie venerienne que leur mere leur a-
voit communiquée, periffent
prefque tous peu de temps
aprés qu'ils font nez.

Situations differentes
de l'enfant.

168. La fituation naturelle de
l'enfant au ventre de la mere,
tant aux garçons qu'aux filles,
eft d'avoir la tefte en haut, regardant en devant, & les pieds
en bas, dans les fept ou huit
premiers mois de la groffeffe;
& tout au contraire la tefte en
bas regardant le derriere de la
mere, & les pieds en haut,
dans

dans les derniers mois.

169. L'enfant tourne ordinairement sa teste en bas vers le
neuviéme mois de la groffeffe,
& quelquefois mefme dés le
huitiéme mois.

170. Lors que l'enfant fe
tourne vers le dernier mois de
la groffeffe, il excite fouvent
par ce mouvement extraordinaire de fauffes douleurs, qui
eftant quelquefois fuivies des
vrayes, déterminent ainfi le
travail prematurément.

171. La pofture naturelle de
l'enfant dans le temps de l'accouchement eft de prefenter la
tefte, ayant la face en deffous;
toutes les autres poftures font
mauvaifes & contre nature, en-

G

tre lefquelles celle des pieds
eft la moins mauvaife, celle du
bras & de l'épaule font les plus
fafcheufes, celle du cul tient le
milieu, auffi - bien que celle
des pieds & des mains enfem-
ble.

Des eaux de l'enfant.

172. Les eaux de l'enfant qui
eft au ventre de fa mere ne
viennent point de fon urine;
car il ne la rend point par la
verge, ni par l'ouraque, ni aucun autre excrément du ventre, durant tout le temps qu'il
eft en une difpofition naturelle dans la Matrice.

Du Meconium.

173. L'enfant ne rend jamais
le *Meconium* dans le ventre

de fa mere, fi ce n'est par extrême foibleffe, ou par trop grande compreffion de fon ventre,
quand il est en une mauvaife
fituation.

Ecoulement des eaux
de l'enfant.

174. Une partie des eaux de
l'enfant peut bien quelquefois
s'écouler fans que la femme
foit en travail ; mais non pas
toutes.

Membranes de l'enfant.

175. Les membranes de l'enfant ne font que deux, fçavoir
le *corion* & l'*amnios*, lefquelles font tellement jointes &
contiguës, qu'elles ne compo-
fent qu'une mefme envelope
qui contient les eaux de l'en-

fant qui font toutes d'une mefme nature.

176. Les enfans jumeaux ont
toûjours chacun leurs membranes & leurs eaux particu-
lieres, & ne font jamais dans
une mefme envelope, à moins
qu'ils n'ayent leurs corps
joints & adhérens l'un à l'autre, ce qui eft tres-rare & mon-
ftreux.

177. Les membranes de l'enfant qui font trop fortes, ou
trop foibles, retardent l'accouchement ; les fortes tardant
trop à fe rompre, empefchent
l'enfant de s'avancer au paffage, & les foibles fe rompant
prematurément, font que les
eaux s'écoulant devant que la

Matrice soit suffisamment di_
latée, l'enfant y demeure à sec.

De l'Accouchement.

178. Les femmes audessus de
quinze ans accouchent d'autant plus facilement qu'elles
sont jeunes.

179. Lors que les eaux que
vide une femme en travail, qui
d'abord avoient esté simples
& maigres, commencent à devenir glaireuses, elles accele-
rent pour lors l'accouchement.

180. Les os *pubis* ni ceux des
hanches ne se separent point
dans le temps de l'accouchement ; il n'y a que le *coccix*
dont l'articulation est mobi_
le qui se recule un peu en ar-
riere.

181. La saignée du bras faite à la femme qui a un laborieux travail, luy eſt tres-utile pour la faire accoucher plus promptement & plus heureuſement, & pour la preſerver de trop grande perte de ſang ou de convulſion.

Accouchement laborieux.

182. Les femmes dont les enfans ont la teſte groſſe & les épaules larges, ſouffrent plus que les autres en leur travail, & principalement celles qui accouchent pour la premiere fois.

183. L'écoulement prematuré des eaux de l'enfant, ſa groſſeur exceſſive, l'embarras de ſon cordon autour de ſon col,

ou au tour de quelque autre
partie, & la situation de sa face
en dessus prolongent toûjours
beaucoup l'accouchement, &
le rendent laborieux.

184. Dans les difficiles & laborieux accouchemens la nature travaille, mais dans les accouchemens contre nature où
un gros enfant est en mauvaise
situation, tous les efforts de la
nature sont inutiles.

185. Dans tous les accouchemens contre-nature qui procedent seulement de la mauvaise
situation de l'enfant, il faut
attendre pour le tirer de la Matrice, que son orifice interne
soit passablement ouvert, &
assez preparé & amolli, pour

y pouvoir introduire la main
sans trop de violence.

186. Dans la pluspart des plus
mauvaises postures ausquelles
l'enfant se presente, il vaut
souvent mieux le tirer par les
pieds, que d'essayer à le réduire en la posture naturelle; c'est
pourquoy cét accouchement
doit servir de regle à bien pratiquer les autres.

187. Lors qu'il est impossible
de sauver la mere & l'enfant
dans le temps de l'accouchement, la vie de la Mere doit
toûjours estre preferable à celle de l'enfant.

188. Quand on veut retourner un enfant dans la Matrice,
pour le tirer ensuite par les

pieds, il faut que le Chirurgien glisse sa main au dedans
des membranes de l'enfant,
afin que par leur interposition
la Matrice ne soit pas si facilement offensée dans le temps
de l'opération.

189. La petitesse des femmes
grosses contribue souvent à
faire venir leurs enfans en mauvaise posture, à cause qu'ils
n'ont pas une entiere liberté
de se bien tourner en la Matrice.

190. Les femmes dont les enfans sont extraordinairement
gros, ont des douleurs plus
lentes dans le commencement
de leur travail, à cause que
ces sortes d'enfans trop gros

ont de la peine à defcendre &
a eftre pouffez dans le paffage.

191. Le premier accouche-
ment des femmes eft prefque
toûjours beaucoup plus laborieux que ceux qui fuivent.

192. Les femmes contrefai-
tes & les boiteufes accouchent
bien plus difficilement que les
autres, & principalement les
boffuës, à caufe de la foibleffe
& de la mauvaife difpofition
de leur poitrine, qui les met
en grand danger de mourir par
la fluxion qui s'y fait enfuite
de leur accouchement.

193. Lors qu'il eft neceffaire
de retourner un enfant en la
Matrice pour en faire extraction, le Chirurgien doit, au-

tant qu'il peut en travaillant, se mettre dans une situation commode, afin de conserver ses forces qui luy sont tres-neceſſaires pour bien conduire ſon opération.

Vomiſſement de la femme groſſe.

194. Les exceſſifs & violens vomiſſemens des femmes les mettent d'autant plus en danger d'avorter que le terme de leur groſſeſſe eſt avancé.

Vomiſſement de la femme en travail.

195. Le vomiſſement qui ſurvient à la femme qui eſt en travail luy eſt toûjours ſalutaire quand il eſt moderé.

*Gouvernement de la femme
en travail.*

196. Si la femme qui commence d'estre en travail n'a pas eû depuis quelques jours la liberté du ventre, on doit pour lors luy donner un clystere, pour la luy procurer en rendant par ce moyen la voye de l'enfant plus libre.

197. Si la femme qui est en travail de son premier enfant est d'une habitude replete, il est tres-salutaire de la saigner du bras, dans le temps que son pouls commencera d'estre fort élevé par l'agitation du travail.

198. La respiration libre contribuë beaucoup, en augmen-

tant la force de l'impulsion des douleurs, à faciliter l'accouchement.

199. A quelque temps de la grossesse que puisse estre une femme, lorsque l'on sent les eaux se former, c'est-à-dire se presenter & estre poussées au-devant de la teste de l'enfant dans le temps de la douleur, c'est un signe certain que la femme est en travail.

200. Il ne faut jamais rompre les membranes de l'enfant dans le temps du travail d'une femme, que la Matrice ne soit suffisamment dilatée pour pouvoir esperer un prompt accouchement, à moins qu'il n'y ait quelque

preſſant accident qui y oblige, comme celuy d’une perte de ſang ou de quelque convulſiõ.

201. Il ne faut pas réiterer trop ſouvent les onctions de beurre dans le temps du travail d’une femme; parce qu’ainſi faiſant, on conſume les humiditez glaireuſes de la Matrice, qui y font une onction naturelle, qui eſt ſouvent bien plus utile que tout le beurre qu’on y peut introduire.

202. La femme qui eſt en travail ne doit uſer d’aucun aliment ni de boiſſon qui la puiſſe trop échauffer.

Du cordon de l’umbilic de l’enfant.

203. Le cordon de l’ombilic

aû *fœtus* humain n'eſt com-
poſé que de trois vaiſſeaux,
qui ſont une ſeule veine &
deux arteres, qui ſont tous
trois contenus dans une envelope commune.

204. Tout le cordon de l'umbilic de l'enfant eſt inſenſible,
parce qu'il n'a point de nerf
qui s'y diſtribuë.

205. L'enfant ne tire aucune
nourriture, par la bouche durant qu'il eſt au ventre de la
mere, n'eſtant pour lors vivifié
que du ſeul ſang qu'il reçoit
par la veine umbilicale.

206. Les cordons qui ſont
fronçez, quelque gros qu'ils
ſoient, ſont bien plus ſujets à
ſe rompre en les tirant pour

delivrer la femme de son arrierefaix, que les autres.

207. Il y a des enfans qui ont
le cordon de l'umbilic si gros,
que bien qu'on y fasse une li-
gature fort serrée, néanmoins
venant aprés à diminuer de
grosseur en se flétrissant, la li-
gature en est renduë plus las-
che ; ce qui fait que le sang ne
laisse pas de s'en écouler ensuite, s'y on n'y prend bien
garde.

208. On voit quelquefois
des enfans naistre avec le cordon de l'umbilic noûé d'un
veritable nœud, qui s'y est fait
par la grande longueur de ce
cordon, dont il s'est fait un
cercle dans lequel l'enfant a

passé

passé en se remuant au ventre de sa mere.

Accouchement de la femme qui est grosse de plusieurs enfans.

209. La Matrice s'estant une fois ouverte pour mettre dehors un des enfans jumeaux, ne se referme jamais, que le second n'en ait esté expulsé ou tiré.

210. Celuy des enfans jumeaux qui sort, ou est tiré le premier de la Matrice, doit toûjours estre reputé pour l'aisné, nonobstant l'opinion qu'on pourroit avoir touchant la superfetation.

211. Aprés qu'on a tiré un enfant de la Matrice, s'il y en reste encore quelque autre, il

H

faut toûjours l'en tirer devant que de délivrer la femme de l'arrierefaix du premier sorti.

212 L'un des enfans jumeaux peut estre vivant au ventre de la mere, quoy que l'autre y soit mort depuis plus d'un mois ou deux.

213. Aussitost que la femme est accouchée du premier des enfans jumeaux, il faut toûjours rompre les membranes des eaux du second, afin d'en accelerer la sortie durant que la Matrice est ouverte par la sortie du premier.

214. Lors que la femme est grosse de plusieurs enfans, il ne faut pas la délivrer de l'arrierefaix qu'aprés la sortie du

dernier enfant; parce que autrement on luy causeroit une grande perte de sang en détachant ainsi l'arrierefaix prématurément.

215. En délivrant une femme de l'arrierefaix des enfans jumeaux dont elle est accouchée, soit qu'il soit unique, ou qu'il y en ait plusieurs, il faut toûjours tascher en tirant les differens cordons, de faire preceder l'extraction de l'arrierefaix du premier enfant sorti.

216. Il faut toûjours porter la main sur le ventre d'une femme incontinent aprés l'avoir accouchée d'un enfant, pour reconnoistre s'il n'y en a pas encore un second, & prin-

cipalement si l'on voit que l'enfant qui en est sorti n'est que de médiocre grosseur, comme tous les jumeaux sont ordinairement.

De l'arrierefaix.

217. Les arrierefaix qui sont fort épaix, & principalement ceux qui sont comme scyrrheux, sont bien plus difficilement tirez de la Matrice que ceux dont la substance est molle, & qui n'ont qu'une médiocre épaisseur.

218. On voit ordinairement en l'arrierefaix des marques de la mauvaise disposition du corps de la femme, soit en sa couleur, soit en sa substance.

219. Ce n'est pas tant l'adhe-

rence de l'arrierefaix qui le
retient quelquefois au dedans
de la Matrice, que c'est la feu-
le contraction de l'orifice interne qui n'est pas assez dilaté
pour l'en laisser sortir.

Extraction de l'arrierefaix
resté en la Matrice.

220. Il vaut mieux preferer
l'extraction de l'arrierefaix par
l'opération de la main, autant
qu'elle est possible sans aucune
violence, que d'en exciter l'expulsion par des remedes purgatifs & dieuretiques.

221. Lors que l'arrierefaix est
resté dans la Matrice aprés
l'avortement d'un enfant, si
elle n'est assez ouverte pour en
faire facilement l'extraction,

le danger eſt moins grand d'en
commettre l'expulſion à la nature, que de faire trop de violence pour le tirer.

Sortie du cordon de l'umbilic.

222. La ſortie du cordon de
l'umbilic avant l'enfant le fait
ſouvent mourir en tres-peu de
temps au ventre de la mere,
comme fait auſſi la forte com-
preſſion de ce meſme cordon
qui ſe preſente avec la teſte au
paſſage.

223. En touchant le cordon
de l'umbilic qui eſt ſorti, on
connoiſt ſi l'enfant qui eſt encore dans la Matrice eſt vivant, par le battement des arteres que l'on y ſent ; ou mort,
par l'entiere privation de ce

mesme battement.

224. Les femmes dont les enfans ont beaucoup d'eaux, &
le cordon de l'umbilic fort
long, sont sujettes à la sortie
de ce mesme cordon devant
l'enfant, lors que leurs eaux
viennent à s'écouler subite-
ment par la rupture de leurs
menbranes.

Enfant hydropique.

225. L'enfant qui est hydropique du ventre ou de la teste,
s'il ne perit pas dés le ventre de
sa mere, comme il arrive le
plus souvent, il meurt toûjours tres-peu de temps aprés
estre né, aussi-bien que celuy
qui est monstreux ayant deux
testes ou deux corps.

226. Si l'enfant au temps de l'accouchement ayant la teste entierement hors du paſſage, eſt fortement arreſté au droit des épaules qui ne ſont point trop larges, il eſt ordinairement hydropique du ventre, ou monſtreux par l'adhérence de ſon corps à celuy d'un autre enfant.

227. L'enfant qui eſt hydropique eſt bien plus facilement tiré de la Matrice que l'enfant monſtreux ; car il ſuffit de faire une ſimple ponction aux parties qui ſont hydropiques, pour en évacuer toutes les eaux qui en faiſoient l'exceſſive groſſeur.

Convul-

*Convulſion de la femme groſſe
ou accouchée.*

228. La convulſion met la femme groſſe & ſon enfant en danger de la vie, qui eſt toû-jours d'autant plus grand que la femme ne revient pas à con-noiſſance dans l'intervale des accés de la convulſion.

229. Les femmes qui ſont en travail de leur premier enfant ſont beaucoup plus ſujettes à la convulſion, que les autres qui ont déja eû d'autres en-fans.

230. La femme groſſe qui eſt ſurpriſe de convulſion eſt bien plus en danger de la vie que celle qui eſt accouchée, à qui le meſme accident arrive.

I

231. La convulsion qui arrive à une femme grosse ou accouchée d'un enfant mort & corrompu, la met en bien plus grand danger de la vie, que celle dont l'enfant est vivant, qui est surprise du mesme accident.

232. L'émetique est pernicieux aux femmes grosses ou nouvellement accouchées qui font surprises de convulsion : & la saignée est pour lors le meilleur remede que l'on puisse faire aux unes & aux autres, si la convulsion n'a pas esté causée par une grande perte de sang.

Convulsion de l'enfant.

233. Les femmes qui font des

enfans qui ont la teſte trop
groſſe, les voyent ordinairement mourir de convulſion à
la ſortie de leurs dents.

Enfans qui preſentent les pieds.

234. Lors que l'enfant ne
preſente qu'un pied, il faut
bien conſiderer ſi c'eſt le droit
ou ſi c'eſt le gauche, & de
quelle figure il ſe preſente; car
ces reflexions feront facilement connoiſtre de quel coſté
eſt l'autre pied, afin de l'aller
chercher avant que de tirer
l'enfant.

235. Lors qu'on voit deux
pieds d'enfant l'un droit &
l'autre gauche ſe preſenter, il
faut bien prendre garde avant
de les tirer, s'ils ſont tous deux

d'un mesme enfant, & non de differens jumeaux.

236. En tirant de la Matrice un enfant par les pieds, il faut toûjours prendre garde avant que d'en tirer la teste, que la face soit tout-à-fait en dessous.

Enfans dont la teste est trop grosse.

237. Les enfans qui restent la teste engagée au passage dans le premier accouchement des femmes, sont presque toû-jours des garçons ; parce que les garçons par rapport aux fil-les, ont ordinairement la teste plus grosse & les épaules plus larges.

238. Les femmes dont les maris ont la teste grosse & les

épaules fort larges, engendrent ordinairement de gros enfans qui leur ressemblent en cela.

239. Dans le premier accouchement des femmes, si la teste de leur enfant est tres-grosse, elle reste quelquefois engagée dans le passage aprés y avoir esté poussée, & principalement aux femmes avancées en âge; mais cét accident n'arrive point dans tous les autres accouchemens, lors que le premier enfant est venu à terme, & qu'il a esté d'une juste proportion.

Teste de l'enfant restée en la Matrice.

240. Lors que la teste d'un enfant est restée seule dans la

Matrice, qui n'est plus assez ouverte pour luy donner passage, il vaut mieux en commettre l'expulsion à la nature, que d'en tenter l'extraction avec trop de violence.

Enfans se presentant en mauvaise posture.

241. Lors que quelque partie de l'enfant se presente dans le temps de l'accouchement avec sa teste, c'est ordinairement une de ses mains, ou toutes les deux plûtost qu'aucune autre.

242. Lors qu'un enfant se presente en quelque mauvaise posture dans le temps de l'accouchement, il ne faut jamais le tirer par le bras ; car l'accouchement est toûjours

rendu d'autant plus difficile
que le bras qui se presente sort
plus avant.

243. Tous les enfans qui presentent le cul devant dans le
temps de l'accouchement rendent toûjours le *Meconium*
dans le ventre de leur mere,
à cause de la grande compres-
sion que leur ventre reçoit en
cette mauvaise situation.

Opération Cesarienne.

244. Comme l'Opération Ce-
sarienne cause toujours tres-
certainement la mort à la femme, on ne la doit jamais entre-
prendre durant qu'elle est encore en vie.

245. Comme l'enfant outre
la vie commune dont il joûit

avec fa mere, a encore en foy un principe de vie qui luy eſt particulier, l'on trouve quelquefois des enfans vivans au ventre de leur mere morte, ſi l'on en fait ouverture auſſitoſt qu'elle eſt expirée.

Des Inſtrumens pour l'extraction de l'enfant mort.

246. Il ne faut jamais ſe ſervir d'inſtrumens pour faire extraction d'un enfant mort, lorſque les mains ſeules peuvent ſuffire.

247. Les crochets dont on peut ſe ſervir pour faire extraction de l'enfant mort en la Matrice, ne doivent avoir aucune aſperité ou inegalité dans toute leur longueur, afin que

les parties de la femme n'en
foient point bleſſées.

248. Devant que de ſe ré-
ſoudre à tirer un enfant du
ventre de la mere avec les inſtrumens, il faut bien prendre
garde à ne pas traiter un enfant
vivant comme s'il étoit mort.

Gouvernement de la femme
accouchée.

249. C'eſt une tres-mauvaiſe
coûtume que celle d'empeſcher durant quelque temps les
femmes de dormir aprés qu'elles ſont accouchées; car il n'y
a rien qui puiſſe mieux réta-
blir leurs forces abbatuës, &
calmer les accidens cauſez par
la grande agitation du travail,
que le dormir naturel.

250. Il ne faut jamais faire aucune lotion aftringente aux parties naturelles de la femme durant les quinze premiers jours aprés fon accouchement.

251. Le bandage du ventre des femmes accouchées ne doit eftre que fimplement contentif durant tout le temps qu'il s'écoule quelque vidange de la Matrice.

Tranchées qui fuivent l'accouchement.

252. Les femmes accouchées ne font pas ordinairement tant travaillées de douloureufes tranchées aprés leur premier accouchement, que dans les fuivans.

253. La cause la plus ordinaire des tranchées que les femmes souffrent aprés leur accouchement, vient des caillots de sang formez & retenus en la matrice, le sang ne sortant pas en liqueur hors de cette partie aussitost qu'il s'est écoulé de ses vaisseaux.

Des vidanges de la couche.

254. Le sang qui sort de la Matrice immédiatement aprés l'accouchement est beau & vermeil, & se caille promptement, si la femme est saine, ne différant en rien de celuy qui demeure au reste du corps.

255. C'est une erreur de croire que le lait des mammelles s'évacuë veritablement par la

Matrice d'une femme accouchée, n'y ayant aucun conduit de communication entre ces parties qui le puisse permettre.

256. L'évacuation des vidanges de la couche est d'autant plus abondante, & dure d'autant plus long-temps, que l'enfant dont la femme est accouchée ou avortée est gros, soit que ce soit un garçon, soit que ce soit une fille.

257. La femme qui use du coït trop-tost aprés l'accouchement, a coutume de prolonger le temps de l'évacuation des vidanges de sa couche, en entretenant, par la commotion que cette action cause, la Matrice en fluxion.

258. La totale & subite suppression des vidanges dans les premiers jours aprés l'accouchement met la femme en grand danger de la vie, si on n'y remedie au pluſtoſt; car ces humeurs ſupprimées reſtant dans les vaiſſeaux de la Matrice, ne manquent pas de cauſer inflammation en cette partie, & beaucoup d'autres pernicieux accidens.

259 La ſuppreſſion des vidanges qui doivent eſtre évacuées de la Matrice aprés l'accouchement, eſt beaucoup plus préjudiciable à la femme, que la ſuppreſſion des menſtruës ordinaires

260. Dans la ſuppreſſion des

vidanges de la couche qui est accompagnée d'une inflammation de la Matrice, la saignée du bras est preferable à celle du pied.

261. Le chagrin n'est jamais plus pernicieux aux femmes que dans le temps de leurs couches, auquel temps il leur cause une dangereuse suppression de leurs vidanges.

Inflammation de Matrice.

262. L'inflammation de la Matrice met la femme en grand danger de la vie, mais principalement quand elle arrive dans les premiers jours aprés un fâcheux accouchement.

263. Tous les remedes pur-

gatifs font pernicieux à la femme qui a une inflammation de Matrice.

264. Le hoquet, le vomiffement, la convulfion, le délire, & l'extrême tenfion du ventre en une femme accouchée qui a une inflammation de Matrice, font tous fignes avancoureurs de fa mort prochaine.

265. Quand la Matrice fouffre inflammation, fon orifice eft pour lors fi dur & refferré, qu'il ne peut pas permettre l'expulfion ni l'extraction des corps étranges qui font retenus en cette partie.

Scyrrhe de la Matrice.

266. Le fcyrrhe de la Matrice eft une maladie tres-rebelle,

qui est tres-souvent suivie de plusieurs autres qui sont mortelles, à cause que les humeurs superfluës ne peuvent pas avoir leur évacuation ordinaire assez libre par cette partie où il y a une grande obstruction.

267. Tous les forts purgatifs sont pernicieux au scyrrhe de la Matrice.

268. Le scyrrhe de la Matrice dégénere souvent en un *cancer* incurable.

269. Le scyrrhe de la Matrice rend toûjours la femme sterile & valétudinaire durant tout le temps qu'il subsiste.

270. Les tumeurs douloureuses qui arrivent quelquefois aux femmes aprés leur accouche-

couchement vers l'un des cof-
tez de la Matrice proche l'aî-
ne, font toûjours de tres-lon-
gue guerifon ; & fi elles viennent à abfceder , elles mettent la femme en danger de
la vie.

Cancer de la Matrice.

271. Les ulceres qui viennent
de caufe interne au propre
çorps de la Matrice, ou à fon
orifice interieur, fe convertif-
fent toûjours dans la fuite en
un *cancer* incurable.

272. Le *cancer* de la Matrice
fait toûjours mourir mifera-
blement les femmes qui en
font affligées , aprés leur avoir
fait traifner une vie languif-
fante & pleine de continuelles

K

douleurs durant des années entieres.

273. Comme les femmes depuis l'âge de quarante ans, jusques à celuy de quarante huit ans ou environ, commencent à n'estre plus reglées dans l'évacuation de leurs menstruës comme auparavant, elles sont pour lors bien plus sujettes aux ulceres carcinomateux de la Matrice, qu'en tout autre âge de leur vie.

274. Il n'arrive presque jamais aux femmes qui ont passé soixante ans, de pertes de sang aprés l'entiere privation de leurs menstruës durant un long temps, que ces pertes ne procedent ou ne soient sui-

vies de quelque ulcere carcinomateux, qui les fait toûjours
mourir dans la suite.

275. On voit tres-rarement
le *cancer* arriver à la Matrice
des filles qui n'ont jamais usé
du coït.

Fleurs blanches.

276. Il ne faut pas se servir
d'aucun remede astringent
pour la curation des fleurs
blanches, avant que la plenitu-
de du corps ait esté suffisamment évacuée par saignées,
purgations, & autres remedes
convenables.

277. L'usage des eaux minerales est fort convenable aux
femmes qui ne sont pas grosses qui sont incommodées de

fleurs blanches.

278. On voit quelquefois de petites filles de sept ou huit ans infectées de gonorrhées veneriennes, qu'on croit abusivement estre simples fleurs blanches.

Suffocation de Matrice.

279. La suffocation de Matrice vient bien plus souvent des menstruës ou des vidanges retenuës & corrompuës, que de la superfluité de la semence.

280. Toutes les odeurs suaves sont pernicieuses aux femmes qui sont sujettes aux suffocations de Matrice, & principalement à celles qui sont nouvellement accouchées.

Tumeurs & apostêmes des mammelles.

281. Les remedes aftringents dont les femmes accouchées fe fervent ordinairement pour la décoration de leur fein, quand elles ne veulent pas eftre nourrices, y caufent fouvent dans la fuite des tumeurs douloureufes & des apoftêmes, en empefchant la libre tranfpiration des humeurs.

282. Il ne faut pas laiffer trop fejourner la matiere des apoftêmes des mammelles aprés fa parfaite maturité, de crainte que cette matiere y croupiffant trop long-temps, ne corrode la propre fubftance des glandes & des refervoirs du lait.

K iij

283. Les tumeurs schyrrheu-
ses des mammelles qui sont
fort adhérentes aux costes deviennent ordinairement carci-
nomateuses dans la suite.

284. La fievre de lait qui arrive aux femmes accouchées
vers le troisiéme jour, est tres-
ardente; mais elle est semblable à un feu de paille, qui s'é-
teint presque aussitost qu'il est
allumé.

Fistule du col de la vessie.

285. S'il arrive quelque mor-
tification aux parties de la femme aprés un violent accouchement, il y a grand danger que
le col de la vessie n'en soit in-
teressé, & qu'il ne s'y fasse ensuite une fistule.

286. L'issue involontaire de
l'urine causée par une fistule
qui s'est faite au col de la vessie
aprés le violent accouchement
d'une femme, est ordinairement incurable si elle dure plus
de trois mois.

FIN.

TABLE

des principales Matiéres contenuës dans les Aphorismes.

A

C

Cordon

L

L ij

FIN.

PAR grace & Privilege du Roy,
donné à Paris le douziéme
Juillet 1693. signé, DE LA RI-
VIERE, il est permis à François
Mauriceau, Maistre Chirurgien Ju-
ré à Paris, de faire imprimer *ses
Observations sur la Grossesse &
l'Accouchement des Femmes, &c.*
en tel, ou tels volumes, marges
& caracteres, & autant de fois
que bon luy semblera, pendant
le temps de douze années consé-
cutives, à commencer du jour
qu'elles seront achevées d'imprimer, & défenses sont faites à tous
autres de les imprimer, ou faire
imprimer sans le consentement de
l'Exposant, à peine de trois mille
livres d'amende, confiscation des
exemplaires contrefaits, & de tous

dépens , dommages & interefts ,
ainfi qu'il eft plus au long porté
par ledit Privilege.

Regiftré fur le Livre des Librai-
res & Imprimeurs de Paris , le 14.
Juillet 1693. Signé, P. Aubouyn
Syndic.